了不起的中国古代科技与发明

黄道婆

革新棉纺织技术

KaDa故事 主编

猫十三 著　陈伟工作室 绘

史晓雷 审校

化学工业出版社
·北京·

图书在版编目（CIP）数据

黄道婆：革新棉纺织技术 / KaDa故事主编；猫十三著；
陈伟工作室绘. —北京：化学工业出版社，2024.1
（了不起的中国古代科技与发明）
ISBN 978-7-122-44492-9

Ⅰ.①黄… Ⅱ.①K…②猫…③陈… Ⅲ.①黄道婆（约
1245-？）-生平事迹-少儿读物 Ⅳ.①K826.16-49

中国国家版本馆CIP数据核字(2023)第225738号

责任编辑：刘莉珺 李姿娇 装帧设计：史利平
责任校对：宋 夏

出版发行：化学工业出版社
（北京市东城区青年湖南街13号 邮政编码100011）
印 装：北京宝隆世纪印刷有限公司
880mm×1230mm 1/12 印张$3\frac{1}{2}$ 字数50千字
2025年1月北京第1版第1次印刷

购书咨询：010-64518888 售后服务：010-64518899
网 址：http://www.cip.com.cn
凡购买本书，如有缺损质量问题，本社销售中心负责调换。

定 价：39.80元 版权所有 违者必究

你知道在我国古代是谁革新了棉纺织技术吗？

在没有大型纺织机械的几百年前，人们又是如何织造布匹的呢？

古代服饰的材质

古人衣服的原料，来源于自然界，属天然材质，如兽皮、棉、麻、丝绸等。这些原料经过人们的加工做成衣服，穿在身上，起先用于保暖和遮羞，后来才逐渐出现了对美观和舒适度的要求。

野草、兽皮

原始社会时期，纺织技术十分落后，人们只能用野草编成帘子等遮盖身体。后来，人们发现野兽的皮毛不仅美观，而且保暖效果更好，便将打猎得到的兽皮也穿在身上。

棉纺织技术的革新者

黄道婆（生卒年不详）是宋末元初著名的棉纺织技术革新家。年轻时流落崖州（今海南省三亚市崖州区），向当地黎族妇女学习先进的棉纺织技术。回到家乡后，将技术传授给乡亲们，对长江流域棉纺织业和棉花种植业的发展起到重要作用，后人誉之为"衣被天下"的"女纺织技术家"。

经过黄道婆的改良，传统的手剥式提取棉纤维变成了机械轧棉去籽，弹棉小竹弓变成了大弹（tán）弓，适用于纺棉的纺车由单锭升级成为三锭，利用改进的织布技术还可以给普通的棉织布增加提花、条格图案等。

麻

麻是从各种麻类植物取得的纤维，包括苎麻、黄麻、亚麻等。这类材料的透气性很好，质地很轻，但不耐磨损，弹性差，穿起来有时会有刺痒的感觉。

丝绸

丝绸是指用蚕丝制造的纺织品。蚕丝是人类最早利用的动物纤维之一。用蚕丝制作的衣服触感非常柔滑，而且透气性很好，舒适度很高；但也有不耐磨损、容易褪色、易出褶（zhě）皱等缺点。

棉

棉是植物棉花的种子纤维，一般呈白色或白中带黄。这种纤维强度很高，透气性和吸湿性都很好，穿着很舒适，染色时也很容易着色；但同样有容易褶皱、弹性差等缺点。

选择一块好地很关键

虽然说一般适合普通农作物生长的土壤，都可以种植棉花，但棉花不喜欢容易板结的黏性土壤和沙性太强的松散土壤。

在我国南方，选好种棉的土地后，要在正月里田地透气的时候，对土地进行开荒、翻耕，并在谷雨前后，挑一个晴朗的日子播种。

发大水咯！

喂！那小孩
怎么又是你

三个名字

黄道婆是松江乌泥泾（今上海华泾镇）人，她一辈子总共有三个名字。

第一个是黄小姑，这是她小时候的名字。因为家里困难，她被卖到了别人家，吃尽了苦头。

委屈

后来她趁人不注意，跑到了一座道观里，成了黄道姑。这是她的第二个名字。

不如当道姑

每个坑都得浇，别落（là）下了。

知道啦，爹。

早饭吃了吗？

吃了，吃了。

犁（lí）：一种十分重要的农具，主要功能是翻耕土地、松动土壤和开沟起土等。

她在当黄道姑的时候，跟着一位女道士去了崖州，那里盛产棉花。

好美啊！

当地的黎族妇女把棉纺织技术毫无保留地教给她，她很快就成了远近闻名的纺织好手。

亲如姐妹

一不小心，三四十年就过去了，随着年龄的增长，黄道姑变成了黄道婆。这就是她的第三个名字。

熬成婆

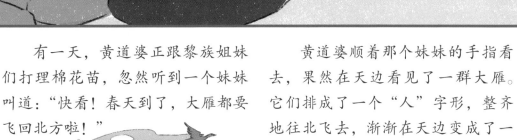

挑选种子不能含糊

　　棉花的种子在埋进土里之前要经过严格挑选，这样才能确保大部分种子都能发芽。选种时，首先要用水将种子淘洗几遍，使种子浸润，淘去干瘪（biě）的空籽；再用草木灰拌匀，这样可以给种子消毒杀菌。

　　有一天，黄道婆正跟黎族姐妹们打理棉花苗，忽然听到一个妹妹叫道："快看！春天到了，大雁都要飞回北方啦！"

看，大雁！

　　黄道婆顺着那个妹妹的手指看去，果然在天边看见了一群大雁。它们排成了一个"人"字形，整齐地往北飞去，渐渐在天边变成了一排小黑点。

回家喽！

　　"唉——"她深深地叹了口气，"一晃都这么多年过去了，也不知道家那边怎么样了。"

我也想回家

　　妹妹听见黄道婆叹气，便搭话道："就你那个家，你还惦记呀？你难道忘了，他们都是怎么对你的？"

你还惦记呀？

　　黄道婆摇摇头说道："不管怎么样，叶子落了，尚且要归根，我这个远走他乡的老太婆，也该回家看看啦。"

落叶归根

　　她不顾黎族姐妹们的劝阻，收拾好东西便出发了。一路上换了无数条船，搭了无数辆车，终于回到了家乡。

家乡，我回来了

草木灰：草本植物燃烧后剩下的灰，含有丰富的矿物质。

棉花苗要精心照顾

　　不是种子种到土里就不管啦，在种苗生长的过程中，要精心地照顾才行。种子发芽以后，长得弱小的棉花苗要拔掉，只留下壮实的。要是一个坑里的几株苗长得都很好，便可以连根带土一起移出来，分别栽到别的地方去。

保持间距： 播种时，在田垄上每隔一尺左右挖一个小坑，放入5~7粒种子。（注：3尺为1米。）

嘿！嫌臭种不出好棉花！

粪水真臭啊！你怎么都不嫌？

这株也不错。

好嘞，我种那边去。

家乡的变化真是太大了！黄道婆坐着牛车，看到沿途的稻田都变成了棉田，险些以为自己走错了地方。

这还是我家乡吗？

她走进村子，打听着消息，发现原来对她不好的那家人已经搬走了，只有昔日隔壁的三婶婶还在。

"有人在家吗？"黄道婆来到三婶婶家门前，轻声问道。

有人在家吗？

"黄小姑？是你吗，黄小姑？"一个老太婆颤巍巍地从门里挪出来。她双眼混浊，伸着两只干柴一样的手，失声叫着。

黄小姑？是你吗？

黄道婆仔细看着老太婆，隐约在眉目间看出了三婶婶的模样。

三婶婶！

她一面惊讶着三婶婶竟然这么多年还记得自己的声音，一面拉住她的手，答道："三婶婶，是我呀！不过，我哪还算得上是什么'小姑'？早就变成黄道婆啦！"

不能叫小姑啦

9

棉花采摘要适时

棉花的果实，初期像铃铛，叫"棉铃"，长成后像桃子，又叫"棉桃"。一块田里的棉铃并不是同时长出来的，也不是同时成熟的，所以一块田的棉花需要分很多次采摘。从开始到结束，每隔5~7天采摘一次，大概需要2个月的时间。采得早了，棉花纤维还没有完全成熟；采得晚了，棉絮经过风吹日晒，纤维会变脆，颜色也不正了。另外，在采摘季，还要随时提防下雨，最好在下雨前摘完盛开的棉花，不然棉花纤维会出现斑点，甚至发霉。

三婶婶激动地拉着黄道婆的手，张了张嘴，竟然哭了出来。

"你在我心里，永远都是小姑！……你走之后，虽然朝廷改了，可大家还是吃不饱饭啊！……"

黄道婆疑惑道："我看到咱们这儿已经收了稻子，改种棉花了，怎么会……"

棉铃：棉花的果实，成熟后也叫棉桃。成熟时棉铃炸开，露出柔软的纤维。这些纤维就是纺织棉布的原材料。

没事，还能再坚持一年。

这席子边缘都毛了。

棉花翻翻翻，就蓬松啦。

"唉，别提了！"三婶婶的声音更凄惨了，"咱们县的县官，不知道从哪儿听说了个什么'崖州被'。"

县官不是好人

"他说，那个崖州被上面啊，都是花花绿绿的图案，就想让我们也给他织一条。要是织不出来，就要收走我们的口粮！"

织不出就没饭吃

"咱们乌泥泾人哪有那个本事？！白布一个月都织不出几匹，还花布呢！⋯⋯"

哪有人会啊

11

棉花去籽的方法（一）

　　刚摘下来晒干后的棉花是不能直接使用的，因为里面有很多棉籽。去棉籽最原始的方法是用手把棉籽从棉桃里剥出来。但由于棉纤维是从棉籽的表皮上生长出来的，跟棉籽紧紧连在一起，剥起来十分费劲；再加上徒手剥籽很容易累，导致这样去棉籽效率非常低，特别费时。

现代棉花的分类： 棉花有很多种类，按纤维分，有粗绒棉、长绒棉、细绒棉；按颜色分，有白棉、黄棉、灰棉、彩棉。

籽棉：采摘下来后还没有去掉籽的棉花。

"崖州被？"黄道婆眼睛一亮，"崖州被我会织呀！我就是从崖州回来的！"

我会呀！

"真的？你会织？"三婶婶惊讶极了，她那双浑浊的眼睛瞪得溜圆，然而没多久头就奄拉了下来。

"唉，你会织也没用啊！离县官给的期限只剩下半个月了，就算咱们起早贪黑地忙，可半个月连棉籽都没法剥干净呢！"

时间不多了

"剥棉籽吗？其实很简单。您告诉我村里的木匠住哪儿，明天就能剥好！"

这个不难

第二天，黄道婆拿着一个木架子一样的东西来到了三婶婶家，身后还跟着一群手捧棉花的妇女。

好东西

"黄道婆真有本事啊！就用这么个木头家伙，不一会儿就把我们好几天的活儿都干完了！"……

真有本事

棉花去籽的方法（二）

徒手剥棉籽费时费力，有什么好的替代办法吗？当然有啦。

到了宋朝，南方的少数民族开始用铁杖来"赶"棉籽，也就是用铁杖在棉花上面来回滚，将棉籽挤出来。后来，这种赶搓法也传到了中原地区。不过，这种方法虽然比手剥快了那么一点点，但效率还是不够高。

三婶婶蹒跚着来到门口，看见黄道婆把那个木架子放在桌上，问道："小姑啊，这是什么呀？"

这是什么呀？

黄道婆答道："这个呀，叫木棉搅车，是我看黎族姐妹们用两根棍子碾棉桃、挤棉籽，自己琢磨着做出来的。"

这叫木棉搅车

三婶婶看见这个叫搅车的东西，左右各有一个手柄。她伸手去摇那手柄，发现能转，不禁感到很神奇。

真神奇！

黄道婆冲身旁的妇女点点头，那妇女就站到了木棉搅车的一侧，"那这个搅车该怎么用呢？"三婶婶问。

然后笑眯眯地拿起一朵籽棉，塞到了两根碾轴中间。

黄道婆站到另一侧，她们俩分别转动两只手柄。籽棉在两根碾轴的挤压下，噗噗噗地吐出一串串棉籽，剩下的棉纤维则轻飘飘地落到了一边。

黄道婆发明的去籽神器——木棉搅车

木棉搅车去籽与铁杖赶籽的原理有些类似，只是用两个轴之间的互相挤压代替了铁杖与木板之间的碾压，用很少的力气就可以轧很多棉花。使用时只需要将棉花送入两轴之间的空隙，再转动旁边的曲柄，棉籽就会被挤出来，棉纤维则会从另一边漏出去，省时又省力。

什么好东西？

你别费劲了，这儿有个好东西！

是呀，你只需要转一转这个……

木框
立柱
曲柄
碾轴

听说有了这东西，再也不用手剥棉籽了？

"了不得！有了这个搅车，咱就再也不用手剥棉籽了！快抓紧用小竹弓弹棉花吧！"三婶婶赞叹之余不忘招呼大家干活儿。

真了不得啊！

旁观的妇女们听三婶婶这么说，正准备回头去找小竹弓，却被刚进门的一个木匠撞了个正着。

哎哟，小心！

那木匠手里挥舞着一把大弓和一个两头粗、中间细的家伙，喊道："黄道婆！你要的东西，我连夜做好啦！你看看能不能用？"

你要的东西来了！

黄道婆接过大弹弓，把压过籽的棉花倒在桌上，均匀地铺开。妇女们见她摆开架势，便纷纷围过来看大弹弓的本事。

黄道婆一手举着大弹弓，一手拿着弹槌，将弓上的弦放在棉花上，一下下地用弹槌敲击着弦。

妇女们感叹道："哎哟，这大弹弓弹棉花可比咱们的小竹弓快多了，一个能顶十个！"

用小竹弓弹棉花

去掉棉籽后的棉花还是紧紧的一团，不能直接使用，还需要一道叫作"弹棉"的工序。用小竹弓弹棉花时，通过拨动小竹弓上的弦把棉花弹松；在弹的过程中，还可以清除混在棉花中的杂质，使棉纤维更加干净洁白。

坏狗狗！

皮棉：去籽后还没有弹开的棉花。

这时候，又有一个木匠带着工具来到这个弹棉花的现场。

这儿真热闹

"可棉线这东西又软又娇贵，加捻的时候还得牵着点，纺快了肯定容易断。"

棉线娇贵

"黄道婆！你要的纺车，我做好啦！你这轮子小，比以前的大轮纺车好做多了！"

借过，借过

她将棉花片搓成三个卷，卷在了三根锭子上。

嗖嗖

黄道婆将纺车摆在地上，边踩动踏板边说道："咱们之前的三锭纺车轮子大、拉线快，纺丝、麻之类的没有问题。"

以前的纺车适合纺丝、麻

"我把老纺车的轮子给缩小了，这样就算转得快也不会把线拉得太快，棉线就不容易断啦！"

都来试试

18

你这竹子劈细了，再宽点。

好像是哟.

小竹弓：最初的弹棉工具。拨动小竹弓上的弦，可以把棉花弹松。

别扯，别扯！这淘气包……

熟花衣：弹棉工序之后，松散白净的棉纤维。

反正都是弹，我能不能把家里的棉被拿来弹弹？

行呀！盖了那么多年都不暖和了，拿来一起弹了呗！

从小竹弓到大弹弓的改进

　　用小竹弓弹棉花费时费力，效率很低，于是黄道婆增加了弓的长度，从原来小竹弓的一尺五寸加长到四尺左右，弓弦也由线弦改为绳弦。改进后的这种弓叫作"大弹弓"，比原来的线弓更强更有力，弹出的棉花既蓬松又干净。

　　妇女们听黄道婆这样说，纷纷抢着要试用新纺车，试用过之后，没一个说不好用的。

　　大家都高兴坏了，拿弹弓的拿弹弓，摇搅车的摇搅车，一片吱吱呀呀的声音伴着笑声，整个屋子充满了欢乐。

　　三婶婶看着满脸喜气的妇女们，心里也轻松了不少。忽然，她又想到一件事。

弹棉花

还是这大弹弓好用。

是啊，那边还吵架呢。

新弹弓真不错，这钱花得值！

他们老板抠门，舍不得买大弹弓。

才一会儿就弹四袋啦？

弹槌：用檀木制成的槌子，有大小两头。使用弹槌时，先用小头敲弹弓的弦，棉絮随着弦的震动飞起，再用大头一击，将棉絮从弦上震出，四下飞散。

是啊，特别快，还省劲儿！

她刚要开口，黄道婆连忙说道："三婶婶，您是要问织花布的事情对不对？这件事，您就放心吧！"

包在我身上

原来，黄道婆前一天找了四个木匠干活儿，还在织布机上动了点小心思。

忙活一宿

在她的改进之下，原本只能织纯色棉布的织布机，竟能织出花布来了。

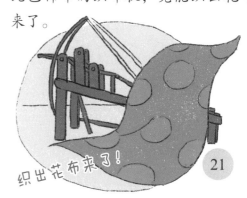

织出花布来了！

脚踏三锭纺车

　　纺线用的纺车，也经历了很多次改进。早在五代时期，我国就出现了一种手摇纺车；到了宋元时期，我国江南地区又出现了一种脚踏三锭纺车。比起手摇纺车，脚踏三锭纺车有很多优点，主要的两点：一是手摇改为脚踏，解放了双手；二是锭子数量增加，提高了纺线的效率。

锭子：本身是一根细长的杆子，绳轮转动时，会因为绳弦的牵引而一同转动。

踏杆：木制的长条形板子，脚踏在上面左右踩动，可以使绳轮旋转。

春嫂，你家的猫怎么又跑到那上面去了？

半个月后，黄道婆将一床崖州被放在了三婶婶的面前。三婶婶激动得都说不出话来了。

"这……这被子……"她把崖州被拿起来，一会儿用手摸着，一会儿又把纹样轻轻地放在脸上蹭来蹭去，不住地赞叹着。

"我活了这几十年，从来没见过这么漂亮的被面！原来这世上，真有这么好看的东西！"

谁知，她摸着摸着，脸上欣喜的表情渐渐变得悲伤，最后竟然掉下泪来。

黄道婆慌忙问道："三婶婶，您哭什么呀？您不喜欢这崖州被吗？"

"当然喜欢！"三婶婶用袖口擦了擦眼泪，"可是，一想到要把这宝贝交给那个贪婪的县官，我就……"

脚踏三锭纺车的缺点 脚踏三锭纺车主要用来纺丝和麻，因为这两种材质的线很结实。而棉线的纤维比丝和麻短，用这种纺车时常常会绷断。将锭子的数量减到一个，倒是可以减少棉线绷断的情况，但纺线的速度又会变得很慢。

黄道婆对三锭纺车的改良

三锭纺车的绳轮直径很大，而棉线又很脆弱，经常纺着纺着就断了。针对这个问题，黄道婆设计了一种绳轮直径较小的纺车，这样可以使绳轮在同样的转动速度下，不至于将棉线牵引得太快，绷断棉线。

在使用三锭绵纺车时，先从棉条的一端抽出一根线卷在锭子上，然后踩动踏板，带动绳轮和锭子转动，棉线就会不断地从棉条中抽出来，在锭子上越卷越多。

"不会白白给他啦！"黄道婆朝三婶婶挤挤眼睛，"好东西要配好人，坏人怎么配得上？"

三婶婶愣了一下，问道："怎么，小姑你又有什么好主意吗？"

黄道婆笑着反问道："三婶婶，我什么时候让您失望过？"

交工的这一天，县官把崖州被仔仔细细地瞧了个遍，然后问道："这崖州被是你织的？"

黄道婆平静地答道："是我织的。"

"哼！我就说嘛，这东西哪有那么难织？"县官不屑地撇撇嘴，"你们村的那些女人就是想偷懒吧！"

绵线上浆

棉线纺好后，就可以开始织布了吗？还不行哟。

纺好的棉线虽然看上去已经很像样了，但仍然需要经过一些工序才能放到织布机上织成布。因为棉的纤维很短，用刚纺好的棉线直接织布的话，布的表面会不平滑，所以要经过"上浆"，让棉线的表面更加光滑。同时，上过浆的线强度也会增大，织布时不容易断裂，织出来的布也更结实干净。

娘，我帮您调浆。

放这么多够吗？

再来点。

上浆：也叫过糊，是将纺好的棉线浸入调制好的浆中，让线表面形成一层浆膜的工序。

"县官老爷，崖州被我给您送来了，按照约定，您也不能再收乡亲们的口粮了。"

你说话要算话

"口粮算什么？不要了不要了！"县官不耐烦地摆摆手，"你也赶紧走吧，后面有什么事再叫你。"

口粮算什么

黄道婆走后，县官看着崖州被两眼放光。

爱不释手

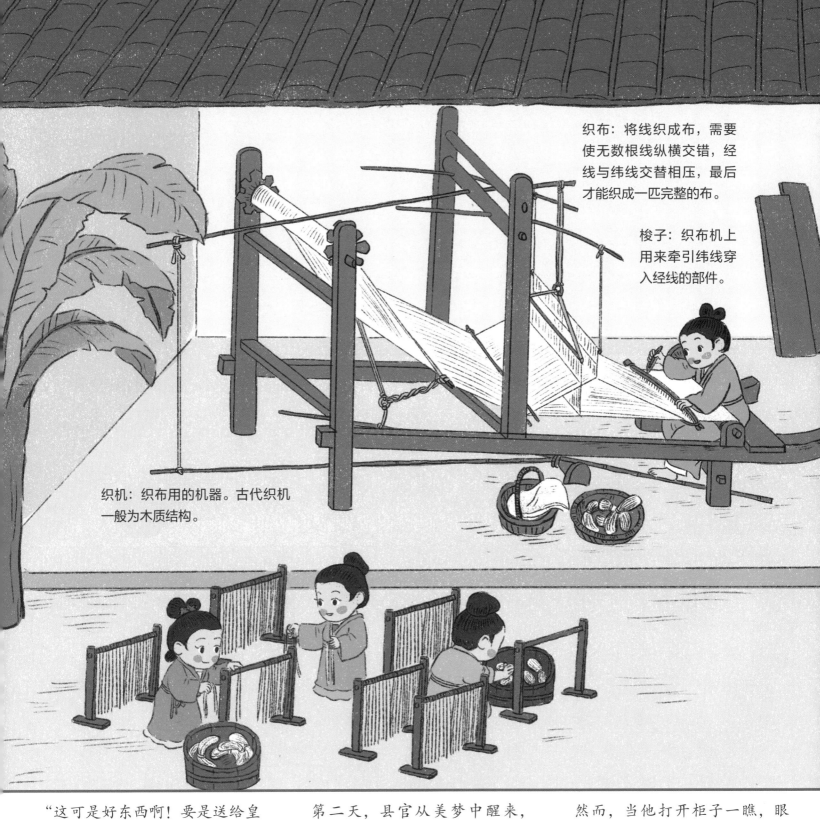

织布：将线织成布，需要使无数根线纵横交错，经线与纬线交替相压，最后才能织成一匹完整的布。

梭子：织布机上用来牵引纬线穿入经线的部件。

织机：织布用的机器。古代织机一般为木质结构。

　　"这可是好东西啊！要是送给皇上，那我升官发财不就有着落了？"他搓着手，自言自语道。

都是我的！

　　第二天，县官从美梦中醒来，睁开眼的第一件事就是去看他的宝贝崖州被。

看看我的宝贝

　　然而，当他打开柜子一瞧，眼前却只有一条黑乎乎的烂布头，上面的花纹全都不见了！

啊？！

黄道婆对织布技术的改进

在织布技术和工艺方面，黄道婆也进行了改进。她学习并吸收黎族人民的提花和配色技术，给原本颜色单一的棉布增添了新花样。由此，她不仅可以织出带条纹、格纹的棉布，还能在棉布上织出很多图案，在当时大受欢迎。

错纱配色：用不同颜色的经纱在织机上交替排序，再用不同颜色的纬纱交替织入经纱，这样就可以织出条纹或格纹的棉布来。

上次在您这儿买的染料特别好。

染料比例不对呗。

我这缸颜色怎么看着不对呀？

快，快！别掉了！

哟，这布真漂亮！

提花与绣花的区别：提花是在织布的过程中，利用经线和纬线的不同颜色交替织在一起，也就是说，图案是直接织上去的，其棉布表面比较光滑，是完整的一体。而绣花是在纯色的棉布上，用绣花针穿上彩色的线另外加图案，其棉布表面的花纹是凸起的。

原来，黄道婆在前一天晚上给崖州被涂了一层特殊的染料，这染料隔天就会变成黑色，怎么洗也洗不掉。

让你坏，给你加点料

她才不能让县官得了这个便宜，宁可把辛苦织成的崖州被全毁了都不可惜。

糟蹋了都不给你

县官连忙派人去抓黄道婆，可黄道婆早就逃到别的地方去了，那些人根本就找不到她在哪里。

跑哪儿去了

不过，黄道婆的纺织技术倒是传播开来。人们利用她改进的工具，织布的速度提高了很多，花样也增加了不少。

嘿嘿，真棒

松江乌泥泾变成了棉纺织业中心，各地商贩也纷纷来乌泥泾采购棉织品。

乌泥泾

棉纺织业中心

"黄婆婆，黄婆婆，教我纱，教我布，两只筒子两匹布。"这首民间歌谣，也跟着传播开来。

黄婆婆，黄婆婆……

29

古代纺织纤维的演变

中国科学院自然科学史研究所原副研究员、科技史博士　史晓雷

在我国古代，织造衣被的纺织纤维主要有丝、麻、棉等。

大约7000年前的浙江河姆渡遗址中，出土了用苎麻编制而成的绳子（以及一些简单的纺织器具），说明当时人们已经将苎麻用于纺织生产。

河姆渡

20世纪80年代以及2017—2019年，考古工作者先后在河南荥阳的青台遗址和汪沟遗址中出土了5000年前的丝织物。它们是我国迄今出土的最早的丝绸织物，说明5000年前我国已经在利用丝绸。

荥阳青台遗址

宋朝以前，我国棉花主要种植在华南、西南以及西部的边疆地区；宋元交替之时，逐步传入中原地区。黄道婆对植棉以及棉纺在长江流域的发展，做出了重要贡献。

到了明朝，棉花已经在广大中原地区普及，已"遍布于天下"，形成了"地无南北皆宜之，人无贫富皆赖之"的局面。

明朝

发展到现代，服装的原料大致可分为天然纤维与化学纤维。其中，棉、麻、丝均属于天然纤维。化学纤维又分为两大类：以天然高分子物质为原料的人造纤维和以合成高分子物质为原料的合成纤维。化学纤维兴起于19世纪末20世纪初。

从全球范围来看，人造纤维与合成纤维的产量比例约为1：9，其中涤纶约占合成纤维的80%。

目前我国已成为世界化纤强国，是世界上最大的涤纶生产国和消费国。涤纶面料最大的优点是抗皱性、保形性好。

小小发明家实验室

如何把一朵朵云彩一样的棉花变成一根根棉线呢？这个过程还真是神奇，让人特别想体验一下。

今天的实验，我就带大家一起做一个简易的手摇小纺车！

准备材料：一次性筷子、两种不同颜色的棉线（可以粗一点）、胶水、剪刀、刻刀。
（安全提示：正确使用剪刀或刻刀，注意安全。）

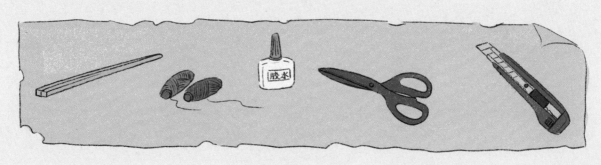

第一步：先用刻刀将一次性筷子切成如右图所示的两种长度的小棍，再用胶水粘成纺车的绳轮的轴。

第二步：把小棍粘在转轮的两侧，每侧可以粘六根小棍，小棍排布尽可能均匀。

第三步：将筷子用刻刀切成如右图所示的长度的小棍，再用胶水粘成绳轮的支架。

 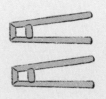

第四步：支架粘好之后，把第二步粘好的绳轮放在支架上，再用小棍粘一个手柄，粘在绳轮的一侧。注意：要把绳轮的轴卡在支架两边的夹棍中间，这样才可以旋转哟。

第五步：用刻刀将筷子切成短棍，再用胶水将短棍粘成纺车另一侧的支架。

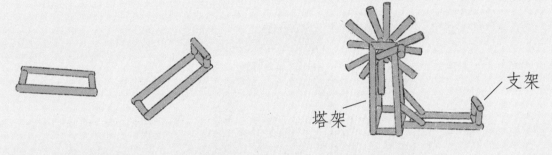

塔架　支架

第六步：将一种颜色的棉线交替缠绕在绳轮的木棍头上，缠完一侧再缠另一侧，使两条棉线在绳轮中间交叉。

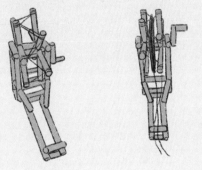

第七步：将另一种颜色的棉线一头作为绳弦缠在绳轮上，另一头缠在支架上，摇动手柄，纺车就可以运转啦。注意：绳弦不用缠很多圈，粗线的话一圈就够了。